传颂英烈故事
弘扬建党精神

（小学插图版）

何 晓 主编

人民出版社

理想照耀成长路

"振衰微于亡国灭种之际，救万民于水深火热之中，建共和于革故鼎新之时，兴百业于一穷二白之上，倡改革于曲折前行之途，成小康于砥砺奋进之中，煌煌然成复兴之大气象……"中国共产党诞生 100 年来，走过了引领中国人民，高擎理想和信仰的炬火，谋求民族独立、人民解放、国家富强，为实现中华民族伟大复兴中国梦而不懈奋斗的百年辉煌征程。

百年征程波澜壮阔，百年初心历久弥坚。伟大事业孕育伟大精神，伟大精神引领伟大事业。从为"青春中国之再生"的抗争与期待，到"根本的一个方法，就是民众的大联合"的决断与勇毅，再到"开创一个人人有饭吃、人人有衣穿的新天地"的执着与追求……雄关漫道，举步维艰，即使在历史最为暗黑的腥风血雨中，革命前辈为何依然孜孜不息，奋勇向前？因为他们刚毅笃定，初心不泯，始终胸怀救国救民的远大理想，始终充满革命必胜的信念，因为有崇高的理想，他们如播火者，星火赓续，一往无前，点亮我们这个古老民族的复兴希望！

理想信念坚定，方向就会明确。无论任何时候，崇高的理想、坚定的信念，都是每一位中国共产党人的强大精神动力。正是因为有着坚守理想、践行初心，不怕牺牲、不负人民的伟大信念，所以他们历经挫折总会坚忍前行。打开民族的记忆，谁说春秋无言？英雄的事迹就是史书最壮丽的叙事；谁说时间有界？理想的光芒能够穿越时空的阻隔辉耀天地。因而，以这些革命先烈为卓越代表的中国共产党，团结带领中国人民，为中华民族几千年的历史长卷增添了一部最为恢宏的浩瀚史诗！

述往思来、向史而新。伟大理想的光芒曾经照耀历史，正在照耀现实，也必将照耀未来。希望每一位小读者都能够逐步领悟"理想"的真正含义，并随着成长的节律越来越深刻地认识到：革命先辈为了理想而艰苦卓绝地奋斗，就是"志在苍生"，就是"在有限的一生中有一分热发一分光，给人以光明，给人以温暖"，就是"一切为了可爱的中国"！继而，传承先辈对理想信念铁一般的执着与坚守，扛起时代赋予的使命和责任。

目 录

第一单元
坚持真理　坚守理想

第二单元
践行初心　担当使命

第三单元

不怕牺牲　英勇斗争

第四单元

对党忠诚　不负人民

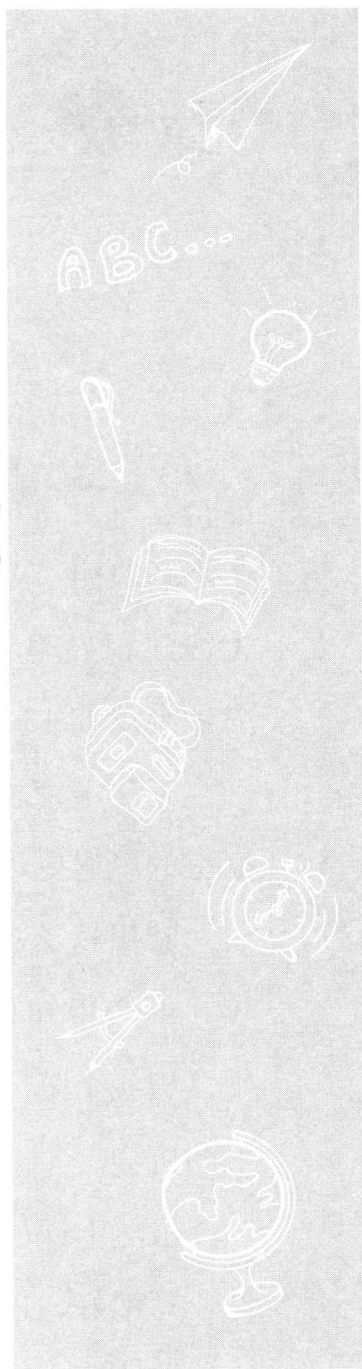

坚持真理 坚守理想

第①课

"小草屋"走出的"大人物"

1921 年 7 月，中国共产党第一次全国代表大会在上海法租界望志路 106 号（今兴业路 76 号）开幕。在参加会议的 13 位代表中，王尽美是家境最贫寒的一位。

王尽美家祖辈就很穷，他出生前四个月父亲离世，家里的境遇更艰难。

家里这么穷，哪有条件读书？但在王尽美 7 岁那年，母亲得知村里地主给自家 9 岁的儿子请了启蒙先生，想找个陪读，就赶紧托人去说情，让王尽美有了读书的机会。

虽然上课的时候要研墨、端茶送水，地主家的孩子作业写不好，还要代为受罚，但王尽美每天回到家就在沙地上练字，抓住一切机会学习。私塾先生知道了，便

尽善尽美唯解放！

给这个用功陪读的学生起名"王瑞俊"。可惜不到一年，地主家的孩子夭折，王尽美也失学了。

　　这段学习经历很短暂，但却让王尽美开始思考：为什么同样是人，自己没有选择学习的权利？并从此萌发了"改变穷人命运"的念头。几经波折之后，1918 年，王尽美考入山东省立第一师范学校。为了让儿子有文化、有出路，母亲借钱都要让儿子去济南求学。母亲这种坚强、乐观、不向命运屈服的性格，一生都影响着王尽美。

1921 年春，王尽美和邓恩铭等发起创建济南中国共产党早期组织。为表达共产主义坚定信念，他激情赋诗："贫富阶级见疆场，尽善尽美唯解放。潍水泥沙统入海，乔有麓下看沧桑。"并因此改名"尽美"。当年 7 月，王尽美和邓恩铭作为济南中国共产党早期组织代表，赴上海出席中国共产党第一次全国代表大会。这年，王尽美 23 岁。

王尽美是山东党组织的早期组织者和领导者，中国共产党创始人之一。1925 年 8 月 19 日，王尽美病逝于青岛，生前留下遗嘱："全体同志要好好工作，为无产阶级和全人类的解放和共产主义的彻底实现而奋斗到底！"

第 ② 课

"不能拿个人生死利害和你们进行交易"

杰出的无产阶级革命家王若飞少年时期就投身革命，曾先后赴日本、法国、苏联留学，是中国共产党旅欧总支部的发起者和负责人之一。

1931 年 11 月 22 日，王若飞因叛徒出卖在内蒙古包头被捕。被捕时，为保护同志和党的组织，王若飞将写有同志名单的纸片放进嘴里嚼烂。面对严刑拷打，他坦然应答："招字，早就从我的字典里抠去了。"他的舅父黄齐生先生亲往归绥看望王若飞，多方奔走想要搭救他出狱，但王若飞对舅父讲："为了保存一个人的生命，而背叛千万人的解放事业，遭到千万人的唾弃，那活着还有意思吗？"舅父深知他信念坚定，从此只在生活上关心爱护他。5 年后，王若飞被转押山西，阎锡山派亲

一切要为
人民打算

信到狱中劝降，向王若飞承诺，只要答应"合作"，就可以立刻放他出狱。但王若飞坚定地回答："当我还戴着脚镣手铐的时候，我拒绝做任何有条件出狱的谈判。至于我出狱后是否和你们合作，这不是我个人的问题。作为一个共产党员，只能服从我们党的组织决定，不能拿个人生死利害和你们进行交易。"

"西安事变"后，经中共中央北方局的多方营救，1937年，王若飞获释。为留住他，阎锡山拿出"礼贤下士"的各种手段，但都被王若飞推辞："我只有回到延安，才能接受我党中央分配给我的工作。在此之前，我不能做任何考虑。"在他准备启程回延安时，阎锡山又派人送来2000块法币做路费，也被王若飞谢绝。

王若飞领导过工人运动、农民运动，从事过统战、组织、宣传、少数民族、军事等多种工作，具有丰富的斗争经验和深厚的理论功底。无论身处顺境逆境，甚至面对生死考验，王若飞对共产主义的信仰坚若磐石，对党的忠诚始终如一，是一位忠诚干净担当的革命家。

1946年4月8日，在重庆参加国共谈判的王若飞乘飞机返回延安时遭遇恶劣天气，飞机失事，不幸遇难，年仅50岁。

第③课

儿生性与人不同

父亲大人：

　　不写信又三个月了，知双亲一定挂念，但儿又何尝不惦念双亲呢……儿生性与人不同，最憎恶的是名与利，故有负双亲之期望，但所志既如此，亦无可如何……

　　这封信 1924 年 5 月 8 日发自山东淄川，写信人是邓恩铭，收信人是邓恩铭的父亲邓国琮。在信中，邓恩铭告诉父亲，自己本来应该回家看望双亲，但他必须以党的工作为重，只得将亲情放在一边，硬着心肠不回去。

　　邓恩铭 1901 年出生于贵州省荔波县水浦村板本寨，

4 岁那年跟着父母搬到荔波县城，在城门边的古榕树下，父母开药铺、磨豆腐，他入私塾、读高小，跟祖母学唱民歌。贵州的高山没能隔绝地方军阀的压迫，也挡不住民主共和的风潮。

随着心中的火种被点燃，邓恩铭渴望更广阔的天地。1917 年 7 月，16 岁的他决心凭着双腿走出高山峻岭、走出乡关，北上山东。临行时回望家乡，他写下一首诗《述志》："南雁北飞，去不思归。志在苍生，不顾安危。"从此，邓恩铭走上革命道路。

"五四运动"爆发后，邓恩铭积极响应北京学生爱国运动，组织学生参加罢课运动，成为山东颇有影响的学生领袖之一。1921 年春，邓恩铭、王尽美等人发起建立济南的中国共产党早期组织，7 月，邓恩铭与王尽美代表山东的济南共产主义小组，赴上海出席中共"一大"，20 岁的邓恩铭是中共"一大"13 名代表中最年轻的代表，同时也是唯一的少数民族代表。

邓恩铭是中国共产党创始人之一，中国早期工人运动的卓越组织者和领导者。1929 年 1 月，由于叛徒告密，邓恩铭在济南被捕，1931 年 4 月 5 日凌晨，在济南英勇就义，年仅 30 岁。在牺牲之前，邓恩铭曾给母亲写了最后一封家书，并附上一首诗，抒发自己的共产主义高尚情操和视死如归的革命意志："卅一年华转瞬间，壮志未酬奈何天；不惜惟我身先死，后继频频慰九泉。"

第 4 课

爱唱山歌的"拔哥"

韦拔群出生在广西东兰，是爱唱山歌的壮族人。1925 年，韦拔群进入中国共产党创办的广州第三届农民运动讲习所学习，在那里，他从一个自由激进的民主主义者，转变为一名坚定的无产阶级革命战士。结业后，他回到家乡开办农民运动讲习所，吸引了附近 11 个县的农民积极分子和进步青年学生来学习。

穷人闹革命，众乡亲，雄心要坚定。

今日处境恶，但相信，雾散天会晴。

想起好前景，浑身劲，糠菜也甜心。

除上课外，韦拔群还用东兰武篆的民歌宣传革命。

穷人闹革命，众乡亲，雄心要坚定。
今日处境恶，但相信，雾散天会晴。
想起好前景，浑身劲，糠菜也甜心。

他组建了山歌宣传队，自己写山歌、帮助教员和学员修改山歌，然后印成册子，散发出去。他们编写的革命民歌流传开来，到现在，都是当地老百姓喜欢的新民歌。

韦拔群早年就读于广西法政学堂，后来曾进入贵州讲武堂学习。他是广西农民运动的先驱，百色起义的领导人之一，红七军右江革命根据地的创建者之一。1929 年 12 月，韦拔群参与领导百色起义，建立右江苏区，任右江苏维埃政府委员、中国工农红军第 7 军第 3 纵队司令员。1930 年 10 月，红 7 军集中在广西河池整编，把原来的 3 个纵队改编为 3 个师，韦拔群任第 21 师师长，率部留守右江苏区。红 7 军主力离开右江苏区后，韦拔群带领百余人留在右江地区。他发动群众，组织扩建部队，在极其艰苦的条件下坚持游击斗争。1932 年 10 月 19 日凌晨，韦拔群被叛徒杀害于广西东兰赏茶洞，时年 38 岁。

韦拔群是一位为革命牺牲一切的农民领袖。在那战火纷飞的年代，韦拔群思时代之变，游历各地，接受新思想，投身革命，身先士卒。他变卖家产，购买武器，组织讨袁护国军；他痛时代之乱，忧民生之苦，在家乡领导农民闹革命，反军阀、反土豪劣绅、反贪官污吏、反苛捐杂税，号召大家"救家乡、救广西、救中国"，深受各族人民敬爱，人民群众亲切地称他为"拔哥"。

第 5 课

当官即不许发财

在中国国家博物馆的馆藏文物中，有一件细瓷碗，上面写着"作官即不许发财"。这 7 个字，是抗日名将吉鸿昌烈士的父亲吉筠亭留给儿子的遗训。

1920 年，吉鸿昌回家探望病重的父亲，父亲对他说："吾儿正直勇敢，为父放心，不过我有一句话要向你说明。当官要清白廉政，多为天下穷人着想，作官即不许发财。你只要做到这一点，为父才死而瞑目。"

吉鸿昌将父亲的话谨记在心，之后十年，他因战功官至宁夏省主席兼第 10 军军长，但依然生活简朴、仗义疏财，把家里的钱拿出来充军资、筑路修桥，还与父亲一起办学校，请名师、购校舍。

1931 年，父亲去世，为牢牢记住父亲对自己的嘱咐，吉鸿昌在自己常用的饭碗上亲笔题写了"作官即不许发财"七个字。他还特地请陶器厂仿制了几百个这样的瓷碗，发给身边的官兵，并解释说："我吉鸿昌虽为长官，但我绝

当官即不许发财

不欺压民众、掠取民财。我要牢记家父的教诲，作官不为发财，要为天下穷人办好事，请诸位兄弟监督。"

1934 年 11 月 9 日，吉鸿昌在天津法租界被军统特务暗杀受伤被捕。面对敌人的迫害逼供，吉鸿昌大义凛然地说："我能够加入革命的队伍，能够成为共产党的一员，能够为我们党的主义、为人类的解放而奋斗，这正是我毕生的最大光荣。"11 月 24 日，这位抗日名将被杀害于北平陆军监狱。

第⑥课

立志化作"惊雷"

1937 年"八一三"淞沪抗战爆发后，上海、南京一带沦陷，求学于苏州女子师范的张西蕾和姐姐、弟弟一起，跟随母亲，背着奶奶，逃到常州南乡避难。母亲陆静华听说上海有共产党组织在活动，便让 15 岁的张西蕾去上海寻找她爸爸的战友。于是，张西蕾带着父亲早年寄回的一封家信，搭乘一辆装货的卡车到了上海，在辗转找到党组织后，前往皖南参加了新四军。

如今，那封珍贵的家信，被收藏在中国人民革命军事博物馆。而写这封家信的人，就是中国共产党早期重要领导人之一张太雷。

张太雷原名张曾让，1898 年 6 月生于江苏武进，1915 年秋考入北京大学，同年冬转入天津北洋大学，

因为立志化作"惊雷"，冲散阴霾、改造旧社会，改名为张太雷。1920年10月，张太雷加入李大钊等在北京发起成立的共产党早期组织，成为中国共产党最早的党员之一。1921年春，给妻子陆静华写下那封珍贵的家信后，张太雷奔赴苏俄，任共产国际远东书记处中国科书记，成为中国共产党派往共产国际的第一个使者。

1927年12月12日，张太雷在广州起义中壮烈牺牲，用自己短短29年的生命历程，践行了"愿化作震碎旧世界惊雷"的铮铮誓言。

第 ⑦ 课

石驸马后宅 35 号的夏夜

"……夜久语声绝，如闻泣幽咽。天明登前途，独与老翁别。"

"这首《石壕吏》，星华背诵得很好。《卖炭翁》学过吗？"

夏夜乘凉时，在花香里给爸爸背诵古诗，是李星华少年时最美好的回忆。李星华是李大钊烈士的女儿，她跟随父亲来到石驸马后宅 35 号居住时，只有 9 岁，还是个小学三年级学生，每天跟哥哥李葆华到孔德学校上学。

李大钊是在中国举起十月革命旗帜的第一人，是中国最早的马克思主义传播者。他 1889 年 10 月 29 日出生于河北省乐亭县大黑坨村，1927 年 4 月 28 日被奉系

鐵肩擔道義
妙手著文章

军阀张作霖秘密杀害于北京西交民巷的京师看守所，牺牲时不满 38 周岁。

自 1916 年从日本弃学归国到 1927 年就义，李大钊居住北京近 10 年，其间在石驸马后宅 35 号住的时间最长。

1920 年至 1924 年，李大钊在进行革命工作之余，和他的家人在这里度过了四年美好的"亲子时光"。他通过分析《卖炭翁》中卖炭人的贫苦生活、《石壕吏》中官府抓兵的暴行、《孔雀东南飞》中封建家庭的黑暗，告诉孩子们，这些都是不合理的社会现象，我们应该去改造社会；他还教孩子们唱《国际歌》，通过讲解歌词大意，将革命的种子深埋在孩子幼小的心田里。

石驸马后宅 35 号，就是现在的北京市西城区文华胡同 24 号。地名变了，但曾经的记忆，从没有改变：李大钊对孩子们的教育，犹如一盏明灯，永远照耀着孩子们一路向前。

第 ⑧ 课

要是只有一个铜钱

　　蔡和森是湖南省双峰县永丰镇人，1895 年 3 月 30 日出生于上海，1899 年春天跟随母亲回到家乡。

　　因为家里很穷，蔡和森 13 岁那年进了一家辣酱店当学徒，干繁重的杂务活儿。那时候，蔡和森每天都揣着书本，一有机会就偷偷学习，常常因为看书太入迷，把酱油当醋、把辣酱当酱油卖给客人。有一次，因为看书，把辣酱卖给顾客时，他忘记了过秤和收钱。老板发现后，抢过他手里的书，一把撕得粉碎。

　　但就是在这样的环境里，蔡和森还是坚持学习。学徒期满之后，他进入永丰国民小学读三年级，因为学习刻苦用功，只读了一个学期，就越级考入双峰高等小学；之后仅仅用了一年时间，就把三年的高小课程全部学完。

1913 年春节，蔡和森到长沙铁路中学参加入学考试，因为"形式新颖、文笔酣畅、论述精辟、见解独特"，而且"字迹刚秀、书写工整"，得了 105 分的优等成绩——比满分还多 5 分。

蔡和森的妹妹蔡畅后来回忆说，蔡和森读书的刻苦程度，简直不可想象：假如他有两个铜钱，他一定只用其中一个买点东西充饥，留着另一个买书；要是只有一个铜钱，他就会饿着肚子把自己关在屋里读书。

1918 年 6 月，23 岁的蔡和森从长沙乘船到武汉，然后转坐火车去北京联络赴法勤工俭学事宜。途经洞庭湖时，忽遇狂风骤雨，蔡和森瞭望湖面上汹涌的波涛，联想到祖国的现状与未来，即景抒怀，写下了气势磅礴的《少年行》：大陆龙蛇起，乾坤一少年。乡国骚扰尽，风雨送征船……

1919 年 12 月，蔡和森和妹妹蔡畅、母亲葛健豪以及向警予等 30 余人，从上海乘船赴法勤工俭学。1920年 8 月 13 日，在给毛泽东寄出的第一封信中，蔡和森旗帜鲜明地提出："我以为先要组织党——共产党。因为他是革命运动的发动者、宣传者、先锋队、作战部，以中国现在的情形看来，须先组织他，然后工团、合作社，才能发生有力的组织。"1921 年，蔡和森回国后在上海加入中国共产党。1931 年，遭叛徒出卖被捕牺牲，年仅 36 岁。

而今，离蔡和森提出建立中国共产党，已经过去一个多世纪，中国共产党已成为拥有 9600 多万名党员的执政党，先烈泉下有知，当感欣慰。

第 ⑨ 课

将你要写的话，写在书上

"可惜，这次不能写信，你不能写信。我要你弄一本小书，将你要写的话，写在书上，等我回来看！好不好？" 1929 年 7 月 15 日，瞿秋白在旅途中给妻子杨之华写了一封信，表达自己对妻子的浓浓爱意。因为是在旅途中，收信不便，他和妻子约定，将自己的所思所想写成一本"小书"。

瞿秋白同志是中国共产党早期的主要领导人之一，伟大的马克思主义者，卓越的无产阶级革命家、理论家和宣传家，中国革命文学事业的重要奠基者之一。他一生笔耕不辍、著作等身，留下 500 多万字的著述和译作。

1917 年 9 月，瞿秋白考入北京俄文专修馆。五四

运动爆发后，他满怀激情投入反帝爱国运动。后来，他参加了李大钊同志组织的马克思学说研究会，探讨社会主义，寻求救国救民的途径。1920 年秋，瞿秋白作为《晨报》特派记者，远赴苏俄采访。1923 年，他担任中共中央理论刊物《新青年》《前锋》主编和《向导》编辑。1927 年 2 月，他不顾重疾缠身，写成长达 7 万多字的《中国革命中之争论问题》。

从 1931 年夏天开始，瞿秋白转战革命文化战线，推动左翼文化运动的发展。1934 年初，到中央苏区之后，他主编的《红色中华》，大力宣传红军战绩和扩大红军运动，有力支持和配合了反"围剿"斗争。中央红军长征后，瞿秋白留在国民党重兵围攻下日渐缩小的苏区坚持斗争。1935 年 2 月，瞿秋白在福建长汀被国民党军逮捕。6 月 18 日，他坦然走向刑场，饮弹洒血，从容就义，时年 36 岁。

"想为大家辟一条光明的路"是瞿秋白一生的追求，他的信仰与理想、责任与担当、风骨与气节，不仅在历史天空中璀璨夺目，而且在中华民族从站起来、富起来到强起来的新时代，依然闪烁着耀眼光芒。

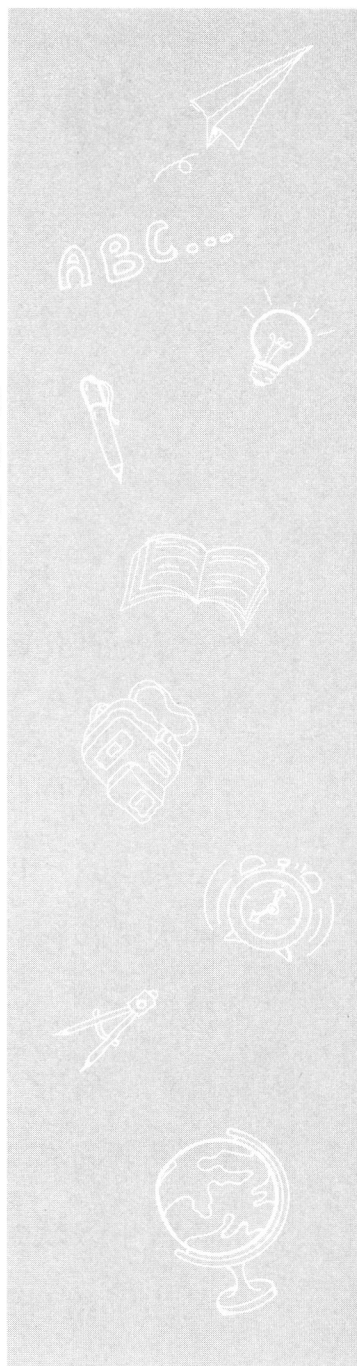

第二单元

践行初心 担当使命

第①课

"我要做人民的公仆"

邓中夏 1917 年从湖南高等师范毕业后，考入北京大学。"五四运动"期间，他是北京学生联合会总务干事，参与了火烧赵家楼。1920 年初夏，这位革命青年的代表人物，曾面临过一次有可能改变命运的选择。

那天，一位同学找到邓中夏，说已经得到消息，上海的大老板穆藕初派人来北大挑选出国留学人才，他俩都被选上了。邓中夏听了，淡淡一笑，回答说自己没有被选上。后来，这位同学才了解到，最初被选中的学生名单里的确有邓中夏，但当邓中夏得知大老板掏钱送这批高材生去欧美学习外文、商业管理、财会统计等，完全是为了给自己公司培养未来的高级职员，便果断拒绝了，并明确告诉对方："我对这些专业毫无兴趣，我的志愿和理想也并非如此。如果我现在应聘了，将来会使穆总经理失望的。"

几个月后，邓中夏就要毕业了，父亲与他谈未来的发展，他回答说："我不做官，我要做人民的公仆……开创一个人人有饭吃、人人有衣穿的新天地。"

要使人人有饭吃有衣穿

毕业后，邓中夏一心从事工人解放运动，致力于唤醒工人的思想。他是中国共产党的第一批党员，是中国工人运动的杰出领袖。1933年5月，邓中夏在上海工作时被捕。面对敌人的威逼利诱、严刑拷打，他大义凛然、视死如归，对狱中地下党支部负责人说："请告诉大家，就是把邓中夏的骨头烧成灰，邓中夏还是共产党员。"

第②课

这个名字"意义重要"

1929年，刘志丹带领的工农武装力量不断发展壮大，已经先后在陕北20多个县建立了工农民主政权。11月17日，刘志丹的妻子同桂荣生了一个女儿。刘志丹开心地抱着刚出生的女儿对妻子说："咱们有孩子了！"同桂荣说："有啥高兴的呀，不过是个女子。"刘志丹听了，看着女儿，乐呵呵地说："女儿好，女儿也是我们的骨肉，以后男女都一样。"

刘志丹给女儿取了一个响亮的名字：力真。来探望的亲友中有人说："这也不像个女子的名字呀。"刘志丹解释说："力真，就是力求真理。意义最重要。"

力真一天天长大，在新中国成立后就读于中国医科大学。1923年，也就是刘力真出生6年前，她有过一

力 求 真 理

个哥哥，但才几个月大就因病去世了；1935 年，也就是刘力真出生 6 年后，她有过一个弟弟，可弟弟也在很小的时候就因为生病去世了。当时，她认为哥哥和弟弟的不幸是因为医疗落后，所以，就立志长大以后要学医。

力真见父亲的时间并不多，在她的印象中，父亲总是忙于上战场，最后一次见到父亲，还听到他精神抖擞地对母亲说："我要生而益民，死而谢民。"刘力真和母亲都未曾想到，这句话竟是他留给她们母女最后的话。

1936 年 4 月，群众领袖、民族英雄刘志丹在前线牺牲，留下的遗物只有几份党内文件和六支缴获来的香烟。几十年后，刘力真在接受记者采访时说："父亲留下的唯一遗产是他的精神。"

第③课

随身携带"三件宝"的"苏区包公"

1932 年 5 月，何叔衡收到一封装有子弹的恐吓信。

何叔衡当时担任中华苏维埃共和国临时最高法庭主席。事情的起因是，有人举报，瑞金县委组织部长陈景魁滥用职权，不仅向群众摊派索要财物，还利用地痞流氓欺压群众。何叔衡在亲自带人查明举报情况属实后，签发了对陈景魁的逮捕令。

面对恐吓信，有人劝何叔衡："陈景魁有一帮黑势力，千万要小心！"何叔衡镇定地回答："共产党人生来就是与黑势力作斗争的！这帮恶棍若不除掉，民众何以安宁？！"他毫不退缩，坚决公审法办了陈景魁。

何叔衡是 1931 年 11 月进入中央革命根据地的，在工作中，他坚持实事求是、注重调查研究，对待工作一

丝不苟。到苏区各地调研时，他总会随身携带"三件宝"：布袋子、记事本和手电筒，以方便做记录和走夜路。他厉行法治，深受人民群众爱戴，被誉为"苏区包公"。

1935 年 2 月 24 日，在从江西转移福建途中，何叔衡在长汀突围战斗中壮烈牺牲，时年 59 岁。作为中共一大代表、中国共产党创始人之一，何叔衡用生命践行了"我要为苏维埃流尽最后一滴血"的铮铮誓言。

第 **4** 课

中国"保尔·柯察金"

1947年，解放战争从战略防御转入战略进攻阶段，前线需要大量的炮弹，党中央决定在大连建设兵工厂。7月1日，大连建新公司正式成立，这是当时中国最大的现代化军工联合企业，正在大连养伤的吴运铎担任工程部副部长兼引信厂厂长。

9月23日，工厂在野外试验新炮弹，第1颗、第2颗一直到第6颗，都比较正常地爆炸了，到第7颗的时候，一拉绳，绳拽下来了，炮弹没有爆炸。这是哑火炮弹呀！吴运铎和另一位厂长吴屏周拦住其他工友，自己上前查看……突然，这个炮弹山崩地裂地爆炸了，爆炸的冲击波把两位厂长冲出20多米远，吴屏周当场牺牲，吴运铎左手腕被炸断、右腿膝盖和脚趾被炸伤。

重伤之后，吴运铎住院治疗。就在这期间，他阅读了苏联小说《钢铁是怎样炼成的》。这本书给了吴运铎极大的鼓励，当自己能下地时，他便请示领导买来化学药品和仪器，把病房变成实验室，并很快研制成功一种高效炸药。

吴运铎一生经历过 20 余次手术，身上有 100 多处伤痕，体内留有几十块弹片，腿上的关节也长期被石膏绷带固定……但他凭借顽强的毅力，始终坚持战斗在生产科研第一线。他说，"只要我活着一天，我一定为党为人民工作一天"。

　　吴运铎 1917 年生于江西萍乡，早年曾在安源煤矿当工人。1938 年参加新四军，1939 年加入中国共产党。曾主持多项兵器科研工作，为国家培养了大批军工人才，为国防现代化和改善部队装备作出了重要贡献。

　　1953 年，吴运铎根据自己的经历写了一本书，《把一切献给党》。这本书出版后，不仅在国内引起轰动，还被译为俄、英、德、日等多种文字在国外出版。"为了国家，为了党的事业，吴运铎身残志坚，他身上集中体现出来的与命运抗争、与困难斗争、永不屈服、永不放弃的气概，无论哪个年代的读者，都会被拨动心弦。"这本影响了几代人的书，迄今已累计出版 10 多个版本，印刷超过 100 次，发行超过千万册。

第 **5** 课

一块怀表背后的故事

在中国人民革命军事博物馆，珍藏着著名的工人运动领袖杨殷送给邓中夏的一块怀表。整个"省港大罢工"期间，邓中夏一直用这块怀表掌握时间、安排进程。

1925年"五卅"惨案发生后不久，身处香港的杨殷在家里接待了专程前来发动香港工人举行大罢工的邓中夏。当时，杨殷正利用自己在广州、香港的社会关系，深入工会和工人群众中，做组织发动工作。

杨殷出生于富有家庭，为了解决党的经费困难，他把家里的田产和几幢洋房卖了，甚至连妻子的珠宝首饰都捐了出去。那天，杨殷和邓中夏研究了罢工的准备工作，临别时，杨殷把这块怀表放在邓中夏手中，送给他在罢工中使用。

　　"省港大罢工"爆发后，邓中夏一直用这块怀表掌握时间、安排进度。杨殷作为组织者和领导者之一，带领部分罢工工人从香港回到广州，为"省港大罢工"坚持斗争达一年零四个月、最终取得胜利，作出了重要贡献。这块怀表见证了"省港大罢工"的分分秒秒，也见证了革命者肝胆相照的生死情谊。

　　杨殷是广东中山人，生于 1892 年 8 月。他是我党早期军事工作的重要领导者，我党情报保卫工作的重要开拓者之一，1929 年 8 月 24 日由于叛徒告密在上海被捕，6 天后被秘密杀害于上海龙华。

第**6**课

"烧饭的"江苏省委书记

1927年6月26日下午，上海施高塔路恒丰里104号，刚刚成立的中共江苏省委被国民党特务机关破坏了。被捕人员中，有一个浓眉大眼、皮肤黝黑、体态敦实、穿着短衣裤、腿上扎着草绳的年轻人。在阴森恐怖的审讯室里，国民党特务开始审讯这个年轻人：

"你叫什么名字？"

"陈有生。"年轻人沉着地回答。

"你是干什么的？"

"烧饭的。"年轻人不紧不慢地回答。

国民党特务边审问，边打量面前这个穿着简陋的年轻人，尽管疑惑重重，但也无法不相信他颇合身份的口供，于是在审讯记录中写道："陈有生，被雇佣的烧饭

司务。"

　　然而，因为叛徒出卖，敌人很快便知道了：这个穿着简陋的年轻人，就是刚刚上任的中共江苏省委书记陈延年。

　　陈延年是陈独秀的长子，安徽怀宁人，出生于1898年。为了寻求救国救民的真理，他同弟弟陈乔年一起到上海读书、一起赴法国勤工俭学。在此后的革命生涯中，他与赵世炎、周恩来等一起创建旅欧共产主义组织中国少年共产党；受党派遣，进入莫斯科东方劳动者共产主义大学学习；1924 年 10 月到广州，是共青团驻粤特派员，不久即任广东区委秘书兼组织部长，在周恩来调任黄埔军校后接任广东区委书记；1925 年参与领导"省港大罢工"；1927 年 3 月，与谭平山、杨匏安等率代表到武汉出席中共五大，被选为中央委员和政治局候补委员，不久，任江苏省委书记。

陈延年被捕后，面对敌人的酷刑，宁死不屈。1927 年 7 月 4 日，陈延年被敌人杀害，牺牲时，年仅 29 岁。

第 **7** 课

一根茶树枝拐杖

1921 年春天，为了给腐朽黑暗的旧中国寻找一条出路，18 岁的罗亦农经上海党组织安排，与刘少奇、任弼时等赴莫斯科东方大学学习。临行前，罗亦农想到自己即将远离家乡，而母亲年事日高，眼睛不好、行走不便，他便到附近的山岭上，精心挑选了一根茶树枝，并砍下来亲手制成了拐杖。

将这根拐杖送给母亲时，罗亦农说："儿子要去追寻真理，这真理将带给千千万万母子以幸福。"

罗亦农离开后，母亲时常挂着这根拐杖眺望远方，等候儿子归来。可谁也想不到，这一别竟成了永远。1928 年 4 月 15 日，由于叛徒出卖，罗亦农在上海被捕，从容就义时年仅 26 岁。

那之后，母亲更是每天都将儿子亲手做的拐杖带在身边，仿佛那是儿子的手在身旁搀扶着她。40多年过去，直到去世，她都紧紧攥着这根拐杖。此时，原本170厘米的拐杖已经被磨得只有110厘米。

罗亦农的母亲离世后，罗家后人将这根拐杖捐献给了武汉博物馆。

这根拐杖承载了赤子对母亲的万般牵挂，也承载了母亲对孩儿的百般不舍。

这根拐杖见证了先烈的义无反顾，也见证了英雄母亲的深明大义。

第 ⑧ 课

挑着行李一路打听走到学校

　　1920 年 11 月，恽代英前往宣城，担任安徽省立第四师范学校教务主任。宣城地处安徽省东南部，水运交通发达。师生们久闻恽代英大名，兴奋地前往码头迎接。在他们的想象中，大名鼎鼎的恽代英一定西装革履、手提行李箱，可在码头左看右等，眼看码头的旅客都走完了，依然不见来人。却不知道，此时，身着灰布长衫、脚蹬布鞋的恽代英早下了船，自己挑着行李一路打听走到了学校——不过，校工看到他过于"朴素"的装束，竟以为他是"脚夫"，拦在校门外好一阵为难……

　　恽代英生于官宦之家，但生活极其俭朴，留给后人的照片中，服装仅有两种：灰布长衫和军装。"他房间里很简单，床上铺的被褥是布面的，书桌上只有几本中西文书籍。除了一副近视眼镜和一只手表，其他一无所有。"

恽代英先后参加了南昌起义和广州起义，是团中央机关刊物《中国青年》主编，党中央机关刊物《红旗》的编辑。

1927年7月，汪精卫背叛革命，恽代英遭国民党通缉，1930年5月16日在上海被捕。狱中，恽代英遭受严刑拷打，肺病发作，咯血写下了著名的《狱中诗》：浪迹江湖忆旧游，故人生死各千秋，已摒忧患寻常事，留得豪情作楚囚。

1931年4月29日，恽代英被杀害于江苏南京，时年36岁。

第 ⑨ 课

千钧一发之际，从容不迫

1931 年 4 月 25 日晚，在国民党情报部门卧底的钱壮飞将一个重要情报及时报告给了中共中央，从而避免了一场大灾难。因此，钱壮飞被周恩来誉为我党情报工作战线上的"龙潭三杰"之一。

那天晚上，正独自值班的钱壮飞一连收到六封武汉发给徐恩曾的特急密电。钱壮飞当机立断，拆译密电：原来，长期负责中共中央机关保卫工作的顾顺章在武汉被捕后叛变，要将在上海的中共中央机密全数供出！

以顾顺章在党内的职务和工作性质，对钱壮飞的情况必然是了解的。钱壮飞知道自己此时的处境很危险，但千钧一发之际，他不顾个人安危，及时将情况报告给党中央，冷静地通知中央机关有关同志尽快撤离……接

到他的情报，周恩来指挥在上海的中共中央各机关立刻采取行动紧急转移，中共中央、江苏省委和共产国际远东局的机关立即全部转移。

钱壮飞 1896 年 9 月 25 日出生于浙江湖州，1915 年考入国立北京医科专门学校（今北京大学医学部），1919 年毕业后留京行医，还教过美术和解剖学，演过电影，擅长书法、绘画和无线电技术。1926 年加入中国共产党。1929 年底打入国民党中央组织部党务调查科，任调查科主任徐恩曾的机要秘书。在这个特殊岗位上，他谨慎机智，不断为党获取大量重要情报。

　　将情况报告给党中央之后，钱壮飞像平常一样把这些密电当面交给了徐曾恩，然后，从容不迫离开敌营，在地下党组织的帮助下到达中央苏区，继续从事情报工作。他知识渊博、才华出众，不论在本职工作中，还是在其他活动中，都有突出的表现。坐落于瑞金的红军烈士纪念塔，就是由他设计的。纪念塔于 1934 年 1 月落成时，毛泽东、周恩来、朱德等中央领导同志都在塔上题了词。

　　1934 年 10 月，钱壮飞随中央红军开始长征，遵义会议后，被任命为红军总政治部副秘书长，1935 年 3 月 29 日，牺牲于贵州金沙县。

不怕牺牲　英勇斗争

第 ① 课

一切为了可爱的中国

1935 年 1 月，方志敏在率领部队北上抗日途中，因为国民党反动派的围堵和叛徒出卖，惨遭敌人逮捕。

为了继续为党工作，入狱不久，方志敏主动要求监狱方提供笔纸："我写一个条子给军法处，要求笔墨写我的斗争经过及苏维埃和红军的建设。"有了笔墨纸张，方志敏在极其困难的条件下，一面坚持对敌斗争，一面完成了《可爱的中国》《清贫》等不朽篇章，不仅发出"敌人只能砍下我们的头颅，决不能动摇我们的信仰"的铮铮誓言，还描绘了他对未来的期盼："中国一定有一个可赞美的光明前途"，"生育我们的母亲，也一定会最美丽地装饰起来，与世界上各位母亲平等地携手了"。

写作期间，方志敏因为担心信送不出来，曾停笔一

段时间。后来虽然找到了把信送出去的办法，但由于随时都可能被敌人杀害，方志敏只能争分夺秒，想起什么就写什么。写作消耗了方志敏"许多思想和心血"，以至不久，"头上的白发，差不多增加了一倍"。在短短6个多月中，方志敏以惊人的毅力和顽强的意志，克服种种难以想象的困难和疾病折磨，完成了13万字。

1935年8月6日，伟大的无产阶级革命家、军事家、杰出的农民运动领袖，土地革命战争时期赣东北和闽浙赣革命根据地的创建人方志敏，在江西南昌英勇就义，时年36岁。

第 ② 课

老同学见面

1928 年 5 月 10 日一大早，海南澄迈县金江镇到处张贴着"共匪头冯平被擒"的布告，成千上万的人从四里八乡赶来，低声相传："冯平今日要押来金江。"

午时刚过，老乡们跑到河边，正看见对岸有四个"白军"抬着一个绑在交椅上的青年上了船。随着船越来越近，冯平上了岸，老乡们这才看清楚，他坐的交椅两旁绑了两根竹子。

受伤的冯平被绑在椅子上，但他面无惧色，对站在路旁的人们说："父老兄弟们，本人就是琼崖工农红军总司令冯平，感谢大家来看我。革命不怕死，怕死不革命，杀了一个冯平，还有千万个冯平。革命是杀不绝的，共产主义一定会实现。"

在"白军"刀枪的前后"护送"下，伤痕累累的冯平被关押起来，由一个连的敌军日夜看守。敌人企图通过劝降和允诺，让冯平"投诚"叛变。而这个来劝降的人，就是

革命不怕死
怕死不革命

冯平的中学同学，澄迈县国民党县长王光玮。

王光玮受命来劝说冯平放弃共产主义信仰，却不想冯平慨然宣传共产党主张，直接揭露了敌人诱降的阴谋，把王光玮驳得抬不起头来。最后，冯平问："王光玮，你还记得文天祥的名言'人生自古谁无死，留取丹心照汗青'吗?"王光玮点点头，含羞而去。

冯平 1899 年出生于海南省文昌县，曾就读于上海文华大学、广东高等师范学校英语部，1923 年被党组

织选送到苏联学习，1924 年 10 月加入中国共产党，次年 8 月回国，任中央农运特派员，1926 年 6 月当选中共琼崖地方委员会委员兼军事部长。

1927 年 1 月，琼崖高级农民军事政治训练所创建，冯平任所长。他勉励学员："你们是海南农民运动的骨干，将来农民打仗要靠你们带领和指挥，你们要好好学习军事，学会带兵打仗。"他还提醒大家，"革命道路是不平坦的，前进中必然会有曲折，会遇到许多困难。要立志战胜困难，争取胜利！"

琼崖起义后，冯平任中共琼崖特委军委主任兼琼崖工农革命军司令、琼崖工农革命军西路军总指挥。由于叛徒出卖，1928 年 5 月 9 日，冯平在琼山县西昌地区仁教岭被国民党军包围，弹尽负伤被捕。1928 年 7 月 4 日，冯平在澄迈县金江镇英勇就义，时年 29 岁。

第 3 课

亲人在梦里

1978 年春季的一天。四川省自贡市人民武装部。面对一张站着两排军人的合影照片，一位白发老太太指着前排最右边问："卢德铭现在在哪里啊？"

卢德铭，秋收起义年轻的总指挥。这张照片，拍摄于 1925 年 9 月 16 日，是黄埔军校第二期毕业时部分同学的合影。这位白发老太太叫颜瑞琴，8 岁那年就和大她 3 岁的卢德铭定下"娃娃亲"，但自从 1924 年春天，19 岁的卢德铭远赴广州投考黄埔军校后，她便再也没有见过自己的未婚夫。其间，卢德铭曾多次给她写信，有一次甚至希望大哥卢德丰前去参加革命，并将颜瑞琴护送到部队与他完婚。但因为兵荒马乱，大哥并没有启程，而是写信叫小弟回家完婚。之后 50 多年，颜瑞琴

一直没有卢德铭的消息。

看到照片之后，颜瑞琴才知道：卢德铭进入黄埔军校当年便加入了中国共产党；1927 年 9 月 25 日，他在率领秋收起义部队上井冈山的途中，为掩护毛主席和部队安全脱险，不幸中弹牺牲……

卢德铭牺牲时年仅 22 岁，是我军井冈山斗争时期牺牲的最高将领。如今，在位于江西省芦溪县的卢德铭烈士陵园里，仍然保存着他南征北战之余写的家书："其实我也想念父母及兄嫂侄儿，在梦中我曾发呓语，呼喊权一（卢德铭的大侄子）、少南（卢德铭的小侄子）……"

卢德铭的家书，见证着他短暂而辉煌的一生。亲人在他的梦里，他也一直都在亲人的思念里。

第 **4** 课

诸儿要继续我的志向

1935 年 3 月 4 日，江西信丰塘村。敌众我寡，留守在中央苏区坚持游击战的赣南军区政治部主任刘伯坚，在指挥部队突围时，身中数弹，不幸被俘。

对国民党政府而言，这是一位红军大人物，早先就悬赏五万银圆，并将他的照片发到各"围剿"部队。所以，没过多久刘伯坚就被指认出。"识时务者为俊杰，以你这样的才华，留得青山在，不怕没柴烧。"前来劝降的国民党官员表示，只要刘伯坚暂时办理脱党手续，便可得到自由和重用。刘伯坚一口回绝："我干革命就是顺应历史潮流，要干革命就得有危险。没有危险就没有革命，没有牺牲就没有工农大众的解放。"

敌人多次诱降无效，便用十多斤重的铁镣押着刘伯

带镣长街行，志气愈轩昂。拼作阶下囚，工农齐解放。

坚游大街，妄图从精神上瓦解他的斗志。刘伯坚昂首挺胸，向两边围观的群众频频点头致意，表现出共产党员宁死不屈的英雄气概，使敌人的诡计破产。

这天晚上，他写下浩然正气的《带镣行》：

带镣长街行，蹒跚复蹒跚，市人争瞩目，我心无愧怍。

带镣长街行，镣声何铿锵，市人皆惊讶，我心自安详。

带镣长街行，志气愈轩昂，拼作阶下囚，工农齐解放。

在狱中的十多天里，与敌人抗争的同时，刘伯坚一连写了好几封家书，牺牲当日还在最后一封家书里嘱咐妻子："望你无论如何要为中国革命努力，不要脱离革命战线，并要尽一切力量教养虎、豹、熊三幼儿成人，继续我的光荣的事业。"

1935年3月，刘伯坚在战斗中左腿中弹，不幸落入敌手。在被囚的17天中，他坚贞不屈，视死如归。1935年3月21日，刘伯坚在江西省大余县金莲山上被敌人杀害，壮烈牺牲，时年40岁。

1938年，毛泽东为刘伯坚碑文题词："刘伯坚是中国共产党的早期优秀党员，中国工农红军早期优秀将领，无产阶级革命家，我党我军政治工作第一人。"

第⑤课

希望你像小鸟一样

小宝宝，小宝宝，

妈妈忘不了。

希望你像小鸟一样，

在自由的天空飞翔。

这首儿歌是中国妇女运动的先驱、"革命的老祖母"向警予在狱中写给儿女的。

向警予 1895 年出生于湖南溆浦，5 岁开始认字，8 岁入小学读书，"开县城女子入校读书之先声"。从长沙周南女校毕业后，她在父兄的帮助下创办了溆浦女校。1920 年 5 月，她与一同赴法国勤工俭学的蔡和森在蒙达尼结婚。

向警予是中国共产党历史上第一位女中央委员，她的丈夫蔡和森是中国共产党早期的卓越领导人，1922年4月，他们的女儿蔡妮在上海出生；1924年5月，他们的儿子蔡博在长沙出生。为了天下的儿女都能生活在平等自由的社会里，向警予抛下个人的幸福，用一生追求理想与光明，女儿和儿子幼时便被托付给奶奶和大姑妈抚养。

1928年3月20日，由于被叛徒出卖，向警予不幸被捕，50天后壮烈牺牲。当时，蔡妮年仅6岁，蔡博只有4岁。虽然在一起的时间很短暂，但母亲对子女的影响却是深远的。蔡妮在晚年回忆父母时说："我没有多少关于父母亲的直接记忆，却时时感受到父母的精神力量。"

第 ⑥ 课

一支永不熄灭的"红烛"

"同学们，你们想，蜡烛不是能放光明吗？做人也要像蜡烛一样，在有限的一生中有一分热发一分光，给人以光明，给人以温暖。"

这就是萧楚女的"蜡烛人生观"。萧楚女1891年出生于湖北汉阳鹦鹉洲一个木材商人家庭。他10岁那年，洪水将父亲的大批木排冲走，随后家里又发生一场火灾，从此陷入贫困。但在颠沛流离的困苦生活中，他坚持自学，不仅将中学课本读完，还经常练习写作。

1912年，萧楚女考入武昌实业学校，认识了挚友恽代英。此后十多年，他参加过恽代英在武汉创办的"利群书社""共存社"，与恽代英共同主编《中国青年》，培养和影响了一代青年。1926年，毛泽东开办广州农

民运动讲习所，萧楚女积极支持，毛泽东称他为讲习所教书的主力。随后，萧楚女调任黄埔军校政治教官，因为口才出众，是全校学生最欢迎的教师。萧楚女还是《黄埔日刊》的主要撰稿人，每天通过《政治解答》栏目回答学生提出的问题，为中国革命培养了无数新鲜血液。

1927年4月12日，"四一二"反革命政变，使革命形势逆转。三天后，广州反革命政变爆发，萧楚女等两千多名中国共产党人被逮捕。4月22日夜，萧楚女在监狱中壮烈牺牲，年仅36岁。他的一生，就像一支永不熄灭的红烛，燃尽了自己，照亮了革命前行的道路。

第⑦课

写下"托孤"信，只身先行

　　我始终是萍踪浪迹、行止不定的人，几年来为生活南北奔驰，今天不知明天在哪里，这样的生活，小孩子终成大累，所以决心将两个孩子送托外家抚养去了。两孩都活泼可爱，直妹本不舍离开他们，但又没有办法……现在又快要生产了。这次生产以后，我们也决定不养，准备送托人，不知六嫂添过孩子没有？如没有的话，是不是能接回去养？

　　这封家书里，那个当时还在腹中的孩子，叫陈志远。他的父亲，也就是写这封信的人，便是中共一大代表、党的创始人之一陈潭秋烈士。1933年初，陈潭秋和妻子徐全直接受党组织的安排，要到中央苏区工作，

但因为陈志远即将出生，陈潭秋只能写下这封"托孤"信，只身先行。

1933 年 4 月，陈志远在上海出生，当时，他的父亲陈潭秋已经奔赴中央苏区。两个多月后，他的母亲徐全直被叛徒出卖入狱，1934 年 2 月在南京雨花台牺牲。

陈潭秋 1896 年生于湖北黄冈，青年时代积极参加"五四运动"，1920 年秋和董必武等在武汉成立了共产党早期组织，1921 年 7 月出席党的一大，此后一直为了党的事业四处奔波。1935 年 8 月，陈潭秋赴莫斯科参加共产国际第七次代表大会，之后参加了中国共产党驻共产国际代表团的工作。1939 年 5 月，陈潭秋奉命回国，任中共中央驻新疆代表和八路军驻新疆办事处负责人。盛世才公开走上反苏反共道路后，陈潭秋不幸于1942 年 9 月 17 日被捕，1943 年 9 月 27 日被秘密杀害于狱中。

"我很小的时候就知道父母是共产党，当时我不理解父母选择的事业，但我觉得他们很了不起。"陈志远被六伯父和六伯母悉心照料，懂事后，逐渐从长辈那里得知亲生父母的故事，"被捕后，敌人对他施以酷刑。父亲的脚底板都烂了，浑身上下都是伤，我知道这些很心痛，但更多的是崇敬——父亲等老一辈革命人对党的事业无比忠诚，任何钢鞭刺刀都无法刺穿他们坚定的信念。"

第 ⑧ 课

"你的母亲是为国而牺牲的"

赵一曼原名李坤泰，赵一曼是她在东北从事秘密工作时的化名。

1935 年 11 月，赵一曼为掩护部队突围，身负重伤，在养伤期间被日军发现，战斗中再度负伤，昏迷被俘。1936 年 8 月 2 日，年仅 31 岁的赵一曼被敌人杀害，那时，她已有 6 年未见过自己的儿子宁儿。临刑前，她向押解的宪兵要来纸笔，写下了最后的思念："……我最亲爱的孩子啊！母亲不用千言万语来教育你，就用实行来教育你。在你长大成人之后，希望不要忘记你的母亲是为国而牺牲的！"

赵一曼牺牲后，遗书被日伪滨江省警务厅用日文记录下来放到了档案中。1950 年，她的故事被拍成电影轰

动全国。她的丈夫和儿子也看了电影，但却没有想到：荧幕上的抗日女英雄赵一曼，就是他们朝思暮想的亲人。

1952 年秋天，最高人民检察院工作人员来到哈尔滨查阅日伪档案，为审讯日本战犯收集罪证。无意中，他们发现一份密档，详细记载了抗日女英雄赵一曼被害的经过。在这份密档中，有一张泛黄的照片，摄于赵一曼在日伪医院治疗期间。与赵一曼另一张抱孩子的照片对比后，真相大白：赵一曼就是李坤泰。

宁儿得知消息，放声大哭，赶往东北。抄下母亲写给自己的遗书后，他用钢笔在自己的手上刺了"赵一曼"三个字。

第 **9** 课

烈士父亲和他的院士儿子

彭湃是"中国农民运动的领袖",他的次子彭士禄是"中国核潜艇之父"。

彭湃 1896 年出生于广东海丰一个大地主家庭,家里有"鸦飞不过的田产",但他积极投身革命,从日本留学回来后,加入了中国社会主义青年团,在家乡海丰创办社会主义研究社和劳动者同情会,传播马克思主义,并一把火烧掉了家里的田契,将自己变成了彻底的"无产者"。

1929 年,彭湃被反革命杀害;而此前一年,他的妻子已经英勇就义。出生于 1925 年的彭士禄成了孤儿,过着颠沛流离的生活,8 岁时还被抓进监狱,饭里有虫子、身上有虱子。唯一一张与父亲和哥哥的合影,是彭

士禄最珍贵的财富，他常常看着照片，在心里默默地说："我不能给我爸丢脸。"14岁那年，彭士禄参加了革命，后来又前往莫斯科动力学院进修核动力专业。回国后，直到2021年3月去世，彭士禄都在干两件事：造核潜艇、建核电站。

中国核潜艇从设计到建造，全由我国自主完成，没有用过外国一颗螺丝！这是彭士禄永远的骄傲——他用一生践行了自己对父亲的承诺。

满门忠烈，致敬英雄！

对党忠诚　不负人民

第 ① 课

母子两代英雄

1941 年夏天，马本斋率领回民支队战斗在河北沧州河间一带，与日军驻河间联队长山本展开了激烈的斗争。日军不能用武力征服马本斋，便使出卑鄙伎俩：他们听说马本斋是个大孝子，就在 8 月 27 日凌晨包围了马本斋老家东辛庄村。当时，马本斋的母亲白文冠已经 68 岁，日伪军便找了一辆小推车，把她推到了河间县城，押在宪兵队。

老太太被抓后，托人给马本斋捎口信："不要救我！这是敌人的阴谋诡计。如果你来救我，敌人就会包围回民支队，回民支队就会陷入绝境！"

马本斋的部下都想去救老太太。马本斋劝大家说："人世间哪有儿子不疼母亲的？但是，在中华民族

生死存亡的关头，还有什么比抗日大业更重要呢？遭不幸的并非只有我一家，而是千百万个家庭。我是党员，从入党那天起，就把一切都交给党了。对母亲要尽孝，对国家要尽忠。"随后，马本斋就带着部队在离河间较远的青县、大城一带作战。而老太太为了让儿子彻底断了救自己的念想，从被抓的第三天就开始绝食。1941 年 9 月 7 日，绝食七天七夜后，老人家壮烈殉国。

老太太牺牲了，马本斋和回民支队全军戴孝。马本斋眼含泪水，在母亲遗像前肃立许久，然后奋笔疾书：

"伟大母亲，虽死犹生；儿承母志，继续斗争！"

马本斋1902年出生于河北省献县东辛庄一个回族农民家庭。他早年投身奉军当兵，凭借过人的胆识和战功，被提拔为团长。"九一八"事变后，他不满国民党当局的反动政策，离部回乡。日军侵占东辛庄，马本斋挺身而出，举起抗日旗帜，组织回民抗日义勇队。1938年，马本斋率队参加八路军，同年加入了中国共产党。他在入党志愿书上写道："我决心为回回民族的解放奋斗到底，而回回民族的解放，只有在共产党的领导下才能实现。"

在抗日战争期间，马本斋领导以回汉青年为主力的回民支队，转战于冀中平原和冀鲁豫边区，进行大小战斗870余次，歼灭日伪军3.6万余人，攻克敌人的碉堡、据点，破坏敌人的铁路、桥梁，缴获大批枪炮、弹药、战马和军用物资，使敌人闻风丧胆，被毛泽东誉为"百战百胜的回民支队"。

因长期转战积劳成疾，1944年2月7日，马本斋病逝于冀鲁豫军区后方医院，年仅42岁。

第 **②** 课

一封家书 40 年

志兰，作战已经爆发，这将影响日寇行动及我国国内局势。国内局势将如何变迁，不久或可明朗化了……我虽如此爱太北，但是时局有变，你可大胆按情处理太北的问题，不必顾及我。……志兰！亲爱的：别时容易见时难，分离二十一个月了，何日相聚？念、念、念、念！

1942 年 5 月 20 日，左权没有像往常一样在作战室里研究地图，而是早早地就回到了房间。虽然在半个月之前他才给妻子刘志兰写了一封信，但此时他异常想念远方的妻女，于是走到书桌前，拿出纸和笔，匆匆给妻子写了他此生最后一封信。内文写好之后，左权又在信

封上写道："刘志兰同志请收。另外包裹一个，手巾两条。左权。"

自从百团大战发起时送妻女离开太行山，已经过去21个月，再过两天小太北就满两岁了，但战事紧迫容不得多想，他将这两个月写给妻子的信装进信封，和捎带的物品放在一起，同时嘱咐警卫员有情况随时向他报告，随后就枕着一个小包袱躺下了——他已经两天两夜没合眼了。

躺下不久，左权就被飞机的轰鸣声和炸弹的爆炸声惊醒：一架日军飞机低空盘旋一阵后，投下两颗炸弹，随即飞离。险情突然而至，战斗愈演愈烈，在率部突围的过程中，左权，这位年仅 37 岁的抗日名将，倒在了炮火里！

左权 1905 年 3 月出生于湖南醴陵一个贫苦农民家庭，1924 年进入黄埔军校一期学习，1925 年加入中国共产党，同年 12 月赴苏联，先是在莫斯科中山大学学习，后转入伏龙芝军事学院深造。1930 年回国后，左权参加了中央苏区历次反"围剿"作战。长征途中，他参与指挥了强渡大渡河、攻打腊子口等战斗。全国抗战爆发后，左权任八路军副参谋长、八路军前方总部参谋长，后兼任八路军第二纵队司令员，协助朱德、彭德怀指挥八路军开赴华北抗日前线，粉碎日伪军"扫荡"，取得了百团大战、黄崖洞保卫战等战役的胜利，威震敌后。1942 年 5 月，日军对太行抗日根据地实行"铁壁合围"大"扫荡"。25 日，左权在指挥部队掩护中共中央北方局和八路军总部等机关突围转移时，在十字岭战斗中壮烈牺牲。

第 **3** 课

黄河岸边的枣树

关向应是中国共产党早期军事领导人，曾与贺龙一起开辟了晋绥抗日根据地。

在根据地的黄河沿岸，农民栽了许多枣树，以卖枣的收入维持生活。一天，关向应路过军区某机关，看见门前的枣树上拴着过路部队的马匹，当即走过去，批评他们在枣树上拴马，并指出，牲口会啃树，影响枣树生长，这是不顾群众利益、违反群众纪律的。

关向应始终把群众利益放在心上，非常关心群众疾苦，就连一些小事也不放过。一次部队宿营后，一个干部拿了房东的瓷盆准备洗脚。关向应看见了，马上制止他说："这里是游击区，常受敌人的烧杀破坏，人家好不容易保存下一个盆，你洗了脚，他们就不能用了，还

是送回去。"每当部队离开驻地，关向应都会检查纪律执行情况。有一次，部队已经走出 5 公里了，关向应发现政治机关走之前没有打扫房子，当即要他们回去打扫好再跟上部队。

群众路线是党的根本工作路线。关向应常说，只要不脱离群众，就会有办法。

因为长期的戎马生涯、艰苦的战斗生活和紧张繁重的工作，关向应积劳成疾。1946 年 7 月 21 日，关向应在延安逝世，年仅 44 岁。

第 ④ 课

"书院"走出来的"审计长"

广东省河源市东源县义合镇下屯村有一座书院，占地面积 500 多平方米，坐西北向东南，夯土墙身、土木结构，花岗岩门框、门枕、台阶……这就是今天的阮啸仙书院，也是 110 年前阮啸仙烈士童年学习和生活的地方。

1897 年 8 月 17 日，中国审计事业的奠基者阮啸仙生于下屯村一个破落官宦家庭。他从小就神往忧国忧民、精忠报国的英雄，10 岁时便在墨砚上题刻"挥笔落下如云烟，意志坚强可敌天"，立下为国为民奋斗终身的志向。

1934 年 1 月，在中华苏维埃第二次代表大会上，阮啸仙当选为中央执行委员，之后被任命为中央审计委员会主任。

　　上任后，阮啸仙收到群众举报，揭发时任中央互济会总财务部长谢开松的贪污行为。谢开松是一个财务老手，善于编造假账。阮啸仙通过极为细致深入的调查与审计，终于在伙食费开支中找到突破口，发现了谢开松贪污公物、以少报多、涂改账目等多项问题。在事实面前，谢开松不得不坦白贪污的事实。这个案子结束不久，阮啸仙又连续主持清查了中央印刷厂会计科科长杨其兹吃喝嫖赌、克扣工人工资，以及中央造币厂厂长陈云祥的贪污问题，在党内形成较大震慑。

　　1935年3月6日，阮啸仙在率部突围时，被敌人的一颗流弹击中，壮烈牺牲。

第 ⑤ 课

比泰山还要重

"长在高山上，死在泥洞中；魂魄飘青天，骨头暖人间。"这个谜语的谜底是什么？大家都说是炭，但延安老百姓说：是张思德。

张思德 1915 年 4 月出生于大巴山深处一个贫苦佃农家庭，因为母亲早逝，他吃千家奶、穿百家衣长大。大巴山深处，冬天非常寒冷，人们大多靠木炭取暖，张思德自小就从父亲那里学得一手烧炭的好手艺。

跟着红四方面军三过雪山草地，终于到达陕北之后，张思德积极响应党中央提出的大生产运动号召，主动到安塞县石硖谷办生产农场，担任副队长。1944 年 9 月 5 日，张思德和战友小白决定再挖几个窑，多烧些木炭。挖到中午，窑顶突然掉下几块碎土——有险情！张

思德眼疾手快，一掌将小白推出洞口。随即，厚厚的窑顶坍塌下来，把张思德埋在下边。战士们和老百姓从四面赶来，拼命刨土——小白得救了，张思德却没能抢救过来，他牺牲时，年仅 29 岁。

革命需要在枪林弹雨里抛头颅洒热血，也需要在平凡岗位上默默奉献。张思德是一名普通的共产党员和战士，他服从组织安排，甘心在烧炭的平凡岗位上忘我工作，直至光荣殉职。毛泽东评价他说："张思德同志是为人民利益而死的，他的死是比泰山还要重的。"

第 ⑥ 课

你能不能给杨司令捎个信？

1934 年 3 月，抗联名将杨靖宇率领独立师在通化开展抗日游击战争。为了减少对群众的干扰和麻烦，各部队普遍住在杨靖宇亲自设计的帐篷里。不得已必须住在老百姓家里时，战士们定要承担担水、劈柴、扫院子等零活儿。遇到农忙季节和作战间隙，战士们还会牵上部队的马匹，帮助农民干农活儿。马匹不够用了，杨靖宇也会亲自替群众拉犁耕地。

有一次，杨靖宇和几个战士正拉着犁杖蹚地，一个小孩跑过来，毛愣愣地说："杨司令的队伍真好，可我就是没见过杨司令啥样。"杨靖宇笑着问孩子："你想见他？"小孩把头一歪，郑重其事地说："我早就想见他。你能不能给杨司令捎个信？就说我们村的人都想他。"

人民英雄
杨靖宇

杨靖宇说："好，等我给他捎个信，就说有个小孩叫你去替他拉犁杖。"小孩听了急忙反对："那可不行，杨司令是个大官，哪能叫他来拉犁杖？"杨靖宇听了哈哈大笑。傍晚，杨靖宇带领战士回部队驻地，小孩又追着杨靖宇叮咛："给杨司令带话呀！"杨靖宇说："好啊，他一定能来给你拉犁杖。"

在紧张的战争环境里，尽管杨靖宇军务缠身、日理万机，他心里始终装着"扛大活儿的""种地的"穷苦百姓。

杨靖宇是东北抗日联军的主要创建人和领导人之

一，他率部长期转战东南满大地，打击日伪军，威震东北，有力配合了全国的抗日战争。日伪军连遭打击后，加紧对东北抗日联军的军事讨伐、经济封锁和政治诱降，同时对杨靖宇悬赏缉捕。在极端艰难的条件下，杨靖宇以"头颅不惜抛掉，鲜血可以喷洒，而忠贞不贰的意志是不会动摇"的崇高气节，继续坚持战斗。

1939 年，在东南满地区秋冬季反"讨伐"作战中，东北抗日联军化整为零、分散游击，杨靖宇率警卫旅转战于濛江一带。由于叛徒出卖，杨靖宇被敌军重重包围。绝境中，他只身与敌周旋 5 昼夜，以难以想象的毅力，坚持和敌人进行顽强斗争，直至弹尽。

1940 年 2 月 23 日，年仅 35 岁的抗日民族英雄杨靖宇壮烈牺牲。

第⑦课

军歌永远嘹亮

1949 年 10 月 1 日，中华人民共和国开国大典上，一首《中国人民解放军进行曲》作为演奏曲目，气势磅礴地回响在天安门广场上空。

这首歌的原名是《八路军进行曲》，由音乐家郑律成谱曲、诗人公木作词。

郑律成是朝鲜人，1918 年出生于朝鲜全罗南道光州，1933 年来到中国，在南京、上海等地从事抗日活动。全国抗战爆发后，郑律成先后进入陕北公学和鲁迅艺术学院音乐系学习。1938 年 8 月，他被分配到中国人民抗日军政大学政治部任音乐指导。1939 年 1 月，郑律成加入中国共产党。

抗日战争期间，英勇善战的八路军常常激发起郑律

成的创作灵感：前方有战役打响、有捷报传来，他就很想歌唱、很想写。1939年，音乐家冼星海创作的《黄河大合唱》唱遍了延安，郑律成被深深吸引，也想写一首大合唱。这年春天，郑律成提出搞一个"八路军大合唱"，约公木写词。8月份，"八路军大合唱"的歌词全部写完，郑律成哼唱着开始谱曲。当时延安条件艰苦，郑律成只有一把小提琴，于是，他不是敲桌子，就是敲石头，高一声低一声，终于把曲子谱了出来。那年冬天，《八路军进行曲》在延安中央大礼堂举行首场演出，威武雄壮的军歌成为鼓舞抗战将士英勇奋战的号角。1940年夏，《八路军进行曲》刊登于《八路军军政杂志》，随即在八路军各部队和各抗日根据地广为流传，成为传唱极广的人民军队战歌。解放战争时期，《八路军进行曲》在歌词略微改动后，更名为《人民解放军进行曲》。

《人民解放军进行曲》1951 年 2 月改名为《人民解放军军歌》，1965 年更名为《中国人民解放军进行曲》。1988 年 7 月 25 日，中央军事委员会正式将这首歌定为中国人民解放军军歌。

郑律成 1950 年定居北京，加入中国籍。作为中国人民志愿军创作组成员，郑律成曾赴朝鲜前线，和其他同志合作谱写了《亲爱的军队亲爱的人》《中国人民志愿军进行曲》《志愿军十赞》。此后，他深入工厂、农村、边防，谱写了大量的音乐作品。

第 ⑧ 课

坛子里的秘密

1931 年 9 月 15 日，中国工农红军的杰出将领黄公略在江西吉安率部转移时，遭遇敌机袭击，身中数弹，壮烈牺牲。之后，党组织曾多次派人到烈士家乡湖南湘乡桂花树高模冲，打探寻找他的妻子刘玉英和爱女黄岁新，1939 年终于找到她们之后，原本要将她们接去延安，但当时婆母年迈、女儿幼小，刘玉英留在了老家。1949 年 8 月，在婆母去世后带着女儿东躲西藏的刘玉英再次被党组织找到，并被告知要带她们去北京。

当时湖南刚刚和平解放，形势非常复杂，临行前，刘玉英表示："我还要到高模冲老屋去一趟。"冒着危险回到老屋，刘玉英从菜地里挖出一个坛子，取出了藏在里面的"珍宝"：黄公略的照片和当年党的领导人写给

她的信。随即，他们连夜离开高模冲，经湘潭、长沙，到了北京。后来才知道，也就在他们离开高模冲老屋一个小时左右，国民党来了一个连，打算对黄公略的家人斩草除根。

刘玉英冒死从坛子里取出的，是黄公略在黄埔军校的照片——这是刘玉英仅存的黄公略的照片，是她最大的念想。

黄公略出生于 1898 年 1 月，自幼喜读兵书，1916 年投笔从戎，先后就读于湖南陆军军官讲武堂、黄埔军校高级班，曾参加北伐战争、广州起义，1927 年加入中国共产党，1928 年 7 月同彭德怀等领导平江起义。在创建湘鄂赣苏区之后那几年，黄公略率部开辟鄂东南地区，扩大湘鄂赣苏区；在赣西南地区艰苦作战，发展革命武装，建立苏维埃政权，使分散的游击区连成大块的革命根据地。在中央苏区第一至第三次反"围剿"中，黄公略坚决执行诱敌深入的战略方针，指挥红 3 军英勇作战，屡建战功。当时，黄公略以其出色的军事才华和对革命的赤胆忠心，在苏区军民中享有崇高威信，与朱德、毛泽东、彭德怀一起，被人们并称为"朱、毛、彭、黄"。

黄公略牺牲后，毛泽东亲自主持了追悼大会，并撰写挽联："广州暴动不死，平江暴动不死，如今竟牺牲，堪恨大祸从天落；革命战争有功，游击战争有功，毕生何奋勇，好教后世继君来。"

第 9 课

"只可惜我给他们做的事太少了"

1935 年春节，是谢子长生命中的最后一个春节。2月 21 日，陕西省安定县灯盏湾下着小雪。昏暗的麻油灯下，面对身边的家人，病情已经恶化的谢子长说了他此生最后一句话："老百姓怕我死，这个心情好理解。只可惜我给他们做的事太少了。"

谢子长是陕北红军和革命根据地的创建者，在西北影响重大，为了避免敌人趁机进攻，也为了避免影响根据地军民的斗争情绪，西北工委和西北军委严密封锁谢子长逝世的消息。那段时间，西北军委的行文布告落款，仍沿用西北军委主席谢浩如（谢子长号浩如）的名义签发。直到 1935 年 5 月，经过吴家坪、马家坪战斗的胜利后，西北革命形势好转，谢子长逝世的消息才得

以公布。

　　1935 年秋，中共西北工委决定改谢子长的故乡安定县为子长县，永志纪念。毛泽东为谢子长烈士墓两次亲笔题词："谢子长，民族英雄""谢子长，虽死犹生"，并亲笔为谢子长撰写了长达 277 字的碑文。

　　1946 年，谢子长陵园在瓦窑堡建成，中共西北局送给子长陵的挽联是："一心为人民创造红地，百姓到如今叫你青天。"

　　心里装着人民的人，永远活在人民心中。

主要参考文献

一、图书及报刊

1. 沙健孙主编:《中国共产党史稿》,中央文献出版社 2006 年版。

2. 中共上海市纪律监察委员会、中共上海市委宣传部、中共上海市委党史研究室编:《党性作风 100 典》,中国方正出版社 2013 年版。

3. 刘洋:《文华胡同里的李大钊故居》,《人民日报》2021 年 9 月 25 日。

4. 孙超:《左权:太行浩气传千古》,《人民日报》2021 年 5 月 20 日。

5. 中共中央党史和文献研究院:《殷殷铁血铸忠魂 革命精神照千秋——纪念杨殷同志诞辰 130 周年》,《人民日报》2022 年 8 月 29 日。

6. 谢绍明:《怀念我的父亲谢子长》,《人民政协报》2017 年

10 月 12 日。

　　7.刘明钢：《方志敏狱中二三事》，《人民政协报》2021 年 2 月 4 日。

　　8.冯建玫：《王若飞：忠诚干净担当的革命家》，《学习时报》2018 年 6 月 19 日。

　　9.魏雪莲：《刘伯坚：宁死不屈保守党的秘密》，《学习时报》2019 年 4 月 29 日。

　　10.赵东亚：《吉鸿昌的瓷碗》，《中国纪检监察报》2018 年 8 月 17 日。

　　11.何立波：《"苏区包公"何叔衡》，《北京日报》2015 年 2 月 9 日。

　　12.路艳霞：《〈把一切献给党〉开创红色经典文学创作先河》，《北京日报》2021 年 6 月 22 日。

　　13.吴为、李子仪，《北大红楼·人物｜邓中夏：怀抱理想的五四干将》，《新京报》2021 年 7 月 1 日。

　　14.《伟大的共产主义战士方志敏》，《求是》杂志 2019 年 14 期。

　　15.张杰：《爱情忠仆恽代英》，《中国青年》杂志 2005 年 16 期。

　　16.冯海兰：《烛光前，追思母亲》，《军嫂》杂志 2020 年第 4 期。

二、影像及网站

17.《双百人物人中共产党员（英雄模范人物)》，CCTV1，2011年2—6月。

18.《左权将军的绝笔家书，看哭了好多人……》，CCTV4，2018年7月19日。

19.《今日中国·辽宁丨吴运铎：中国"保尔·柯察金"》，CCTV13，2021年5月17日。

20.《跨越时空的回信》，江西卫视，2019年5月1日首播。

21.《中共一大代表王尽美》（上中下)，学习强国2022年1月5—7日。

22.《邓恩铭〈述志〉：志在苍生 不顾安危》，学习强国2021年11月23日。

23.《走进向警予故居，感受共产党员的初心和使命》，学习强国2022年2月22日。

24.《革命长者何叔衡：何叔衡被誉为"苏区包公"》，学习强国2022年8月16日。

25.《陈潭秋给诸兄的家书：我始终是萍踪浪迹、行止不定的人》，学习强国2022年9月8日。

26.《青年楷模——恽代英》，学习强国2022年7月26日。

27.《蔡和森：第一个明确提出成立中国共产党的人》，学习强国2021年12月23日。

28.《总有一封家书　让你泪流满面》，共产党员网2015年7月9日。

29.《【奋斗百年路　启航新征程·数风流人物】王尽美：尽善尽美唯解放》，共产党员网2021年5月6日。

30.《儿生性与人不同，最憎恶的是名与利——邓恩铭致父亲邓国琮》，共产党员网2019年7月23日。

31.《心向黎明，舍生忘死！今天，致敬了不起的她们！》，共产党员网2021年5月9日。

32.《【奋斗百年路　启航新征程·数风流人物】何叔衡：用生命践行铮铮誓言》，共产党员网2021年5月7日。

33.《【以物鉴史】文华胡同里的李大钊故居》，共产党员网2021年9月25日。

34.《红楼中的激辩》，共产党员网2021年12月2日。

35.《陈潭秋：中共一大代表、党的创始人之一》，共产党员网2019年2月18日。

36.《入党与读书并不矛盾——重读恽代英关于学生入党问题的通信》，共产党员网2015年9月28日。

37.《对蔡和森的这个主张，毛泽东：我没有一个字不赞成》，共产党员网2019年7月17日。

38.《将你要写的话，写在书上，等我回来看》，共产党员网2018年11月1日。

39.《一腔赤诚　百折不挠——纪念瞿秋白同志诞辰120周年》，共产党员网2019年1月29日。

40.《奋斗百年路　启航新征程·数风流人物｜瞿秋白："想为大家辟一条光明的路"》，共产党员网2021年5月11日。

41.《【奋斗百年路　启航新征程·数风流人物】邓中夏："最后胜利终究是我们的"》，共产党员网2021年5月10日。

42.《这份"行军书"中有中国共产党人的初心》，共产党员网2019年11月21日。

43.《吴运铎："中国的保尔·柯察金"》，共产党员网2019年10月14日。

44.《【奋斗百年路　启航新征程·数风流人物】张太雷："寻我们将来永远的幸福"》，共产党员网2021年5月9日。

45.《罗亦农壮丽生涯的几个"第一"》，共产党员网2012年12月3日。

46.《【奋斗百年路　启航新征程·数风流人物】彭湃：中国农民革命运动先导者》，共产党员网2021年5月9日。

47.《谢子长：陕北红军和苏区创建人之一》，共产党员网2018年9月13日。

48.《新中国英雄模范人物：谢子长》，共产党员网2013年8月5日。

49.《【奋斗百年路　启航新征程·数风流人物】方志敏：中

国一定有个可赞美的光明前途》，共产党员网 2021 年 5 月 16 日。

50.《新中国英雄模范人物：冯平》，共产党员网 2013 年 8 月 5 日。

51.《冯平："革命不怕死 怕死不革命"》，共产党员网 2018 年 5 月 28 日。

52.《百年瞬间丨左权牺牲》，共产党员网 2021 年 2 月 25 日。

53.《百年瞬间丨抗日名将吉鸿昌》，共产党员网 2015 年 7 月 31 日。

54.《"双百"人物中的共产党员：杨殷》，共产党员网 2011 年 3 月 16 日。

55.《杨靖宇：坚贞不屈的钢铁战士》，共产党员网 2021 年 5 月 19 日。

56.《杨靖宇的警卫员：我非常怀念老首长》，共产党员网 2015 年 9 月 16 日。

57.《解密：陈独秀长子陈延年的"六个不"》，共产党员网 2013 年 1 月 22 日。

58.《【奋斗百年路 启航新征程·数风流人物】陈延年：光明磊落 视死如归》，共产党员网 2021 年 5 月 8 日。

59.《希望你不要忘记母亲是为国而牺牲的——赵一曼致儿子陈掖贤》，共产党员网 2019 年 7 月 5 日。

60.《奋斗百年路 启航新征程·数风流人物丨马本斋：跟

着党抗战到底》，共产党员网 2021 年 5 月 22 日。

61.《马本斋：率领回民支队抗击日寇》，共产党员网 2015 年 12 月 3 日。

62.《王若飞：为人民而死》，共产党员网 2019 年 4 月 8 日。

63.《关向应：忠心耿耿为党为国》，共产党员网 2019 年 4 月 12 日。

64.《刘伯坚：我党我军政治工作第一人》，共产党员网 2018 年 9 月 21 日。

65.《生是为中国，死是为中国，一切听之而已——刘伯坚致妻嫂凤笙等》，共产党员网 2019 年 7 月 5 日。

66.《中共历史上的第一位"审计长"：阮啸仙》，共产党员网 2018 年 9 月 24 日。

67.《全心全意为人民服务——张思德精神述评》，共产党员网 2021 年 11 月 11 日。

68.《新中国英雄模范人物：肖楚女》，共产党员网 2013 年 8 月 5 日。

69.《百年瞬间｜郑律成创作《中国人民解放军军歌》，共产党员网 2021 年 9 月 16 日。

70.《新中国英雄模范人物：钱壮飞》，共产党员网 2013 年 8 月 5 日。

71.《【奋斗百年路　启航新征程·数风流人物】韦拔群：为

革命牺牲一切的农民领袖》，共产党员网 2021 年 5 月 16 日。

72.《吴运铎：把一切献给党》，新华网 2019 年 9 月 19 日。

73.《陈潭秋之子：我一生没有见过我的父亲，但我非常怀念他》，新华网 2021 年 6 月 21 日。

74.《群众领袖、民族英雄——刘志丹》，新华网 2018 年 10 月 8 日。

75.《"农民运动大王"——彭湃》，新华网 2018 年 6 月 15 日。

76.《杨殷：用生命捍卫信仰》，新华网 2018 年 6 月 17 日。

77.《9 封红色家书，再忆英烈家国情怀》，人民网—中国共产党新闻网 2022 年 4 月 3 日。

78.《【红色文物故事】韦拔群信件：战火纷飞里的力量与信仰》，央广网 2021 年 5 月 17 日。

79.《罗亦农为母亲做的拐杖》，党史教育学习官网 2021 年 9 月 6 日。

责任编辑：杨瑞勇

插　　画：黄迎春

封面设计：石笑梦

图书在版编目（CIP）数据

传颂英烈故事　弘扬建党精神：小学插图版 / 何晓　主编 . — 北京：
人民出版社，2023.2

ISBN 978 - 7 - 01 - 025221 - 6

I. ①传⋯　II. ①何⋯　III. ①革命故事 – 作品集 – 中国 – 当代

IV. ① I247.81

中国版本图书馆 CIP 数据核字（2022）第 214698 号

传颂英烈故事　弘扬建党精神（小学插图版）

CHUANSONG YINGLIE GUSHI HONGYANG JIANDANG JINGSHEN

何　晓　主编

人 民 出 版 社 出版发行

（100706　北京市东城区隆福寺街 99 号）

北京汇林印务有限公司印刷　新华书店经销

2023 年 2 月第 1 版　2023 年 2 月北京第 1 次印刷

开本：710 毫米 × 1000 毫米 1/16　印张：7

字数：50 千字

ISBN 978 - 7 - 01 - 025221 - 6　定价：36.00 元

邮购地址 100706　北京市东城区隆福寺街 99 号

人民东方图书销售中心　电话（010）65250042　65289539